# BEI GRIN MACHT SICH IHR WISSEN BEZAHLT

- Wir veröffentlichen Ihre Hausarbeit, Bachelor- und Masterarbeit

- Ihr eigenes eBook und Buch - weltweit in allen wichtigen Shops

- Verdienen Sie an jedem Verkauf

Jetzt bei www.GRIN.com hochladen und kostenlos publizieren

David Wolf

# Scheidungsforschung als neuer Topos der Familien- und Pädagogischen Psychologie

## Destruktive Partnerschaftsverläufe, Scheidungsprädiktion und nacheheliche Symptombelastung von Kindern

GRIN Verlag

**Bibliografische Information der Deutschen Nationalbibliothek:**

Die Deutsche Bibliothek verzeichnet diese Publikation in der Deutschen National-
bibliografie; detaillierte bibliografische Daten sind im Internet über http://dnb.d-
nb.de/ abrufbar.

**Impressum:**

Copyright © 2009 GRIN Verlag GmbH
Druck und Bindung: Books on Demand GmbH, Norderstedt Germany
ISBN: 978-3-640-76996-4

**Dieses Buch bei GRIN:**

http://www.grin.com/de/e-book/162253/scheidungsforschung-als-neuer-topos-der-
familien-und-paedagogischen-psychologie

# SCHEIDUNGSFORSCHUNG ALS NEUER TOPOS DER FAMILIEN- UND PÄDAGOGISCHEN PSYCHO-LOGIE

– destruktive Partnerschaftsverläufe, Scheidungsprädiktion und nacheheliche Symptombelastung von Kindern –

Ausarbeitung des Referats

im Rahmen des Seminars:

*Schwerpunkte der Pädagogischen Psychologie*

an der Helmut-Schmidt-Universität –

Universität der Bundeswehr Hamburg.

Vorgelegt von

| | |
|---|---|
| Name: | David Wolf |
| Studiengang: | BA Bildungs- und Erziehungswissenschaften |

# Inhaltsverzeichnis

# 1. Einleitung in den Topos der Scheidungsforschung

Seit 1992 steigt die Zahl der Scheidungen jährlich konstant mit wenigen Ausnahmen. Dabei wächst auch die Anzahl der Scheidungskinder. Im Vergleich zum Jahr 2007 wuchs die Anzahl der minderjährigen Scheidungskinder um 3,6 Prozent auf 150.187 in 2008 an (vgl. Statistisches Bundesamt 2009).

Allein diese Fakten sind Anlass genug die Scheidungsforschung auch in Deutschland zu forcieren. Eine besondere Bedeutung kommt dabei der Scheidungsprädiktion zu. Dazu unterteilt BODENMANN die vorwiegenden Schwerpunkte der Scheidungsforschung in die *„Untersuchung von Folgen der Scheidung"* und die *„Eruierung von Risikofaktoren oder Ursachen für einen ungünstigen Partnerschaftsverlauf und Scheidung"* (Bodenmann 1999, S. 6).

Als Themenschwerpunkt wird die Scheidungsforschung im Seminar zu prominenten und aktuellen Fragestellungen der pädagogischen Psychologie behandelt. In der vorliegenden Seminararbeit wird dazu ein Referat anhand der vorgegebenen Grundlagenliteratur niedergeschrieben.

Ausgehend von der Vorstellung von Risikofaktoren für eine Partnerschaft wird ein integrativer Ansatz zur Prädiktion von destruktiven Beziehungsverläufen nach BODENMANN vorgestellt. Im Anschluss wird anhand einer Kölner Längsschnittuntersuchung die kindliche Symptombelastung nach elterlicher Trennung zusammengefasst, um abschließend mit einem Fazit die Ergebnisse der vorliegenden Arbeit zu bewerten.

# 2. Gefährdete Partnerschaften

In der Grundlagenliteratur dieser Arbeit untersucht BODENMANN Risikofaktoren und Ursachen für Scheidungen. Er benennt dazu gesellschaftliche, ökonomische, juristische, psychologische Rahmenbedingungen, Persönlichkeitsmerkmale, mangelnde Homogenität, Kommunikationsdefizite, Stress sowie dessen individuelle und dyadische Verarbeitung und partnerschaftliches Copingverhalten. Diese Risikofaktoren werden im Folgenden detaillierter vorgestellt, um anschließend einen integrativen Ansatz der Scheidungsprädiktion vorzustellen.

## 2.1.    Gesellschaftliche Rahmenbedingungen

Seit der Nachkriegszeit hat sich die Bedeutung des Begriffes Ehe auch in Deutschland gewandelt. So wird von einer zunehmenden Liberalisierung der Beziehungsformen gesprochen, die mit einer steigenden Scheidungshäufigkeit einhergeht (vgl. Bodenmann 1999, S.6). Scheidungen sind heute gesellschaftlich nicht weiter stigmatisiert und der familiäre soziale Druck fehlt ebenso weitestgehend. Zudem verstärkt eine größere soziale Anonymität in Großstädten die Scheidungsrate (vgl. ebd., S.6f.).

So dass Beziehungen, die den persönlichen Handlungs- und Erlebensspielraum einschränken oder Erwartungshalte nicht erfüllen, frühzeitiger beendet werden, da auch über die Alterskohorten hinweg ausreichend Alternativen zur aktuellen Partnerschaft existieren (vgl. ebd., S.6).

Als ein weiterer Risikofaktor für Scheidungen wird die Sex-Ratio-Hypothese genannt. Mit dieser Hypothese wird seit 1983 die Auffassung vertreten, dass neben den gesellschaftlichen Einstellungen auch das reine Zahlenverhältnis zwischen den Geschlechtern ausschlaggebend für Trennungen ist. BODENMANN führt dazu an, dass in Gesellschaften mit einem verhältnismäßig großen Frauenanteil Männer eher in Scheidungen einwilligen (vgl. ebd., S.7). Der Hypothese folgend wären Ehen in Kriegszeiten somit stabiler, da der Männeranteil durch Tod und Verwundung stark schrumpft und Partnerschaften zusammengehalten werden.

## 2.2.  Ökonomische Rahmenbedingungen

Wie bereits auch bei den gesellschaftlichen Rahmenbedingungen angedeutet sind Ehen in Krisenzeiten stabiler. So ist die Scheidungsrate in Zeiten von Hochkonjunktur und hingegen in Krisenzeiten die Beziehungszufriedenheit nachweislich höher. Am Vergleich zwischen der Schweiz und Deutschland kann aufgezeigt werden, dass beispielsweise Arbeitslosigkeit eine weitere Rahmenbedingung für Partnerschaftsverläufe ist. Generell ist die wirtschaftliche Existenzsicherung als Grundlage zur Eheschließung sowie Senkung der Scheidungsrate im europäischen Raum besonders ausgeprägt.

Herauszustellen ist weiterhin, dass eine steigende wirtschaftliche Unabhängigkeit von Frauen durch bessere Bildung und Berufsstellung zu einem Anstieg der Partnerschaftsauflösung seitens der Frauen führt. Verstärkend kann hierbei auch der mangelnde emotionale Rückhalt der Männer wirken (vgl. ebd., S.7).

## 2.3.  Juristische Rahmenbedingungen

Einen weiteren Einfluss auf Partnerschaftsverläufe hat die gesellschaftlich einhergehende Liberalisierung des Scheidungsprozesses. Die Auflösung von Ehen scheint neben den schwindenden gesellschaftlichen Barrieren auch auf juristischer Ebene einfacher zu gestalten. FINE stellte 1994 bereits fest, dass Länder mit liberaleren Scheidungsgesetzen eine steigende Scheidungsrate zu verzeichnen haben (vgl. ebd., S.8).

## 2.4.    Psychologische Risikofaktoren

Verallgemeinernd sind bei kürzeren Partnerschaftsverläufen häufiger finanzielle Probleme, differente Kindererziehungsvorstellungen oder Rolleninkompatibilitäten Gründe für
die Auslösung von Beziehungen. Wohingegen nach längeren Partnerschaften „*Unzuf-
riedenheit mit dem Partner, Kommunikationsdefizite, sexuelle Probleme, Untreue und
außereheliche Beziehungen, eine Abnahme der emotionalen Bindung an den Partner
[…], Gewalt in der Ehe […], Alkohol- und Drogenabusus, Rollendivergenzen bzw. Rol-
lenkonflikte sowie finanzielle Probleme*" als Trennungsgründe angegeben werden (Bodenmann 1999, S.8).

Für die psychologische und therapeutische Forschung sind neben diesen subjektiven
Annahmen vor allem prädiktive und objektive Faktoren von größerer Bedeutung. So ist
beispielsweise die subjektiv empfundene Partnerschaftszufriedenheit (vor allem zu Beginn einer Beziehung) ein unzulänglicher Prädiktor für Partnerschaftsverläufe, da lediglich schwache bis mittlere Korrelationen zwischen der Zufriedenheit mit der Beziehung
und Scheidung auftreten. Die Scheidungsforschung hat sich daher zur Scheidungsprä-
diktionsforschung zunächst drei Hauptaspekten zugewandt: die Untersuchung von Persönlichkeitsmerkmalen, Homogenität oder Ähnlichkeit von Partnern sowie Interaktions-
und Kommunikationsprozessen in der jeweiligen Partnerschaft. Zudem werden in neue-
re Untersuchungen Stress und Copingkompetenzen integriert (vgl. ebd., S.8f.).

Die genannten Prädiktoren für potenziell destruktive Partnerschaftsverläufe werden im
Folgenden näher vorgestellt.

## 2.5.    Persönlichkeitsmerkmale als Risikofaktoren

Im Rahmen der Untersuchung der Persönlichkeitsmerkmale als Risikofaktoren für
Scheidung interessieren vor allem Neurotizismus, Intro-/ Extraversion und Psychopathie.

Ein Zusammenhang zwischen Intro-/ Extraversion und der Beziehungsqualität ist bis
heute empirisch nicht zweifelsfrei nachweisbar, so dass Aussagen zur Wirkung der Persönlichkeitsmerkmale im Hinblick auf Beziehungen nicht ausreichend gesichert wären.
In Bezug auf einen Zusammenhang zwischen Neurotizismus und Beziehungsqualität
lassen sich jedoch Rückschlüsse machen. So ist das Ergebnis aus diversen Längsschnittstudien, dass Neurotizismus lediglich auf die Partnerschaftszufriedenheit zu Beginn einer Beziehung Auswirkungen hat, den weiteren Verlauf der Beziehung aber nicht
direkt beeinflusst, da die dyadische Interaktion an Bedeutung zugewinnt. Metaanalytisch
nachgewiesen ist Neurotizismus ein schwacher Scheidungsprädiktor, der jedoch innerhalb der Persönlichkeitsmerkmale eine größere Rolle spielt (vgl. ebd., S.9).

## 2.6. Mangelnde Homogenität oder Ähnlichkeit der Partner

Das Korrelat zwischen der Partnerschaftszufriedenheit sowie sich ähnelnden Einstellungen, Werten und Normen zeigt, dass dies die Wahrscheinlichkeit von Konflikten in Beziehungen senkt.

Längsschnittstudien ergeben auch, dass Partnerschaften mit einer geringeren Homogenität eine höhere Scheidungsrate aufweisen, da Homogenität unter Partnern sich positiv auf die Beziehungsstabilität auswirkt (vgl. ebd, S.9f.).

## 2.7. Kommunikationsdefizite als Risikofaktor

Kommunikations- und Interaktionsdefizite besitzen die *„bedeutendste prädiktive und diskriminante Validität bezüglich einer negativen Partnerschaftsqualität und eines ungünstigen Partnerschaftsverlaufs"* (vgl. Bodenmann 1999, S. 10). Paare mit unangemessenen bzw. ungenügenden Kompetenzen in der dyadischen Interaktion weisen eine - in Längsschnittstudien beobachtete - höhere Scheidungsrate auf.

Als Hauptprädiktoren für Trennungen gelten destruktive Kritik (‚criticism'), verächtliche Kommunikation (‚contempt'), Defensivität (‚defensiveness') und Rückzug (‚stonewalling', ‚withdrawal') (vgl. ebd., S.10). Verstärkend wirkt, dass KARNEY und BRADBURY 1995 anhand hoher Effektstärken ein positives Interaktionsverhalten zwischen Männern und Frauen als relevanteste Prädiktorvariable für eine Partnerschaftsstabilität auswiesen.

## 2.8. Stress und individuelle Stressbewältigung als Risikofaktor

Generell kann aus Studienergebnissen ein negativer Zusammenhang zwischen Stress und Beziehungsqualität und –zufriedenheit festgehalten werden.

BODENMANN resümiert aus seiner fünfjährigen Längsschnittstudie, dass Paare mit einem hohen Wert an Alltagsstress einen signifikant negativeren Partnerschaftsverlauf haben, wenn sie geringere individuelle und dyadische Belastungsbewältigungskompetenzen sowie ein ungenügendes Copingverhalten in der Partnerschaft aufweisen. Verstärkend negativ auf die Beziehungszufriedenheit wirken hierbei insbesondere tägliche Widrigkeiten und Freizeitstress (vgl. ebd., S.11).

Stress wirkt sich dabei direkt und indirekt negativ auf die Qualität und Stabilität einer Beziehung aus. Direkt negative Auswirkungen sind die Minderung gemeinsamer Erfahrungen, die Zunahme von Oberflächlichkeit in der Kommunikation sowie die zunehmende Absorption des jeweiligen Partners. Eine Verschlechterung der Kommunikation ist gleich auch eine indirekt negative Auswirkung von Stress neben einer potenziellen gesundheitlichen Beeinträchtigung, die schlimmsten Falls bis zu sexuellen Funktionsstörungen reichen kann. Stress wirkt sich nachweislich erst dann destruktiver auf Partnerschaftsverläufe aus, wenn mangelnde Copingkompetenzen mit ihm einher gehen (vgl. ebd., S.11f.).

Im individuellen Umgang mit Stress zeigt sich neben dyadischen Stressbewältigungstechniken, dass auch hierbei eine hohe Ähnlichkeit der Partner im Hinblick auf das Stressbewältigungsverhalten einen positiven Einfluss auf die Beziehungsqualität hat (vgl. ebd., S.12).

## 2.9. Defizite im dyadischen Coping als Risikofaktor

Dyadisches Coping als interpersonelle Belastungsbewältigung in Partnerschaften in unterstützender, delegierter sowie gemeinsamer Form weist eine sehr hohe praktische Signifikanz (Effektstärke) mit der Qualität und Zufriedenheit in Beziehungen auf. Je häufiger also das dyadische Coping in Belastungssituationen ist, desto geringer die Abnahme der Partnerschaftszufriedenheit im Verlauf (vgl. ebd., S.12f.).

## 3. Integrativer Ansatz zur Vorhersage von destruktiven Partnerschaftsverläufen

Das integrative Scheidungsprädiktionsmodell nach BODENMANN et al. von 1999 integriert personeninterne und personenexterne Stressoren, Defizite in Kommunikations-, Bewältigungs- und Copingkompetenzen sowie die Liebe zum Eingehen der Partnerschaft, die Passung zwischen Partnern, die momentane Partnerschafts- und Familienphase sowie die scheidungserschwerenden Umstände (vgl. ebd., S.17f.).

Neben den im zweiten Abschnitt ausgeführten Stressoren und Kompetenzdefiziten werden im Folgenden die vier weiteren, bisher unerwähnten Scheidungsprädiktoren, die eine zentrale Bedeutung im Modell besitzen, erläutert.

Zunächst wird die Liebe zu Beginn der Partnerschaft berücksichtigt, weil die Bedeutung dieser Variable nicht unerheblich für den Verlauf und Ausgang einer Beziehung ist, *„da die initiale Liebe, gegenseitige Attraktion und Faszination füreinander die Trägersubstanz der Beziehung bildet"* (ebd., S.18). Angenommen wird in diesem Zusammenhang, dass eine gewachsene Partnerschaft dauerhafter und emotional tragfähiger als eine leidenschaftlich-erotisierte Liebe ist. Desiderat ist die Forschung hierzu und verlangt nach der Untersuchung der Liebes- oder Bindungsfähigkeit der beiden Partner (vgl. ebd., S.18).

Empirisch ebenso wenig fundiert ist die Erforschung der Passfähigkeit zwischen Partnern. Bisherige Befunde weisen unterschiedliche Ergebnisse aus und erfassen das Konstrukt der Wahl des passenden Partners nur unzureichend. Das zu erforschende

Konstrukt sollte sich an der subjektiven Repräsentation des Partners ausrichten. Im Einzelnen interessieren dabei die Kausalitäten, Modalitäten der Partnerwahl sowie die Veränderungen im Hinblick auf eigene Wunschvorstellungen, Wahlmöglichkeiten, damalige und aktuelle Attraktion der Eigenschaften des Partners und die eigenen Position im Vergleich zum Partner (vgl. ebd., S.19).

Als ein weiterer Scheidungsprädiktor zählt das Stadium im Partnerschafts- und Familienzyklus. Eine Veränderung der Nähe-Distanz-Regulation ist kontinuierlich über alle Phasen der Partnerschaftsentwicklung hinweg zwischen Zentripetalität und Zentrifugalität geschlechterunspezifisch zu verzeichnen. Eine besondere Stelle nimmt dabei die Elternschaft ein. So ist die Partnerschaftsstabilität bei Eltern vergleichsweise höher und der Scheidungsprozess verläuft langsamer, jedoch sinkt gleichzeitig die Partnerschaftsqualität (vgl. ebd., S.19). Weiter zu erforschen ist hierbei der Zusammenhang zwischen kontextuellen Rahmenbedingungen und dem Zeitpunkt einer Scheidung. Weitere Berücksichtigung verdienen hierbei Persönlichkeitsmerkmale der Partner im Zusammenhang mit einer frühen Scheidung sowie ein Wandel von Variablen, die die Beziehungsqualität im Verlauf beeinflussen (vgl. ebd., S.19f.).

Scheidungserschwerende Umstände sind im direkten Zusammenhang zur Partnerschafts- und Beziehungsphase zu betrachten. Jedoch gibt es weiterreichende Aspekte, die diesen Scheidungsprädiktor kennzeichnen. Generell sind scheidungserschwerende Umstände Barrieren, die es zu überwinden gilt, wenn eine Scheidung angestrebt ist. Somit ist eine Scheidung umso wahrscheinlicher, je weniger dieser materiellen oder sozialen Barrieren überwunden werden müssen. Die Scheidungswahrscheinlichkeit sinkt, wenn „ein hoher sozialer Druck" durch Familie oder Öffentlichkeit zu erwarten ist. Weiterhin schwindet das Risiko, wenn „kaum attraktive nacheheliche Alternativen" vorhanden oder die Scheidung mit „hohen emotionalen und/oder materiellen Kosten" verbunden ist (ebd., S.20). Neben diesen bekannten Gründen sind religiöse, ethisch-moralische sowie philosophische Überlegungen in die Forschung einzubeziehen. Darüber hinaus stellt die psychologische Erforschung der Verpflichtungs- und Schuldgefühle gegenüber einem Partner ein besonderes Desiderat dar (vgl. ebd., S.20). Gerade für uneheliche Partnerschaften könnte angenommen werden, dass Verpflichtungsgefühle eine größere Rolle spielen sollten.

Ein scheidungserschwerender Grund ist, wie bereits erwähnt, die Elternschaft. Schuldgefühle gegenüber Kindern sind nicht nur elterliche Belastungen, sondern in erster Linie prägen Trennungen auch die Kindheit. Somit ist die Erforschung der kindlichen Symptombelastungen in der Zeit nach elterlicher Trennung ein besonderes Feld der Scheidungsforschung.

# 4. Kindliche Belastung nach ehelicher Trennung

SCHMIDT-DENTER und BEELMANN haben 1997 in einer Längsschnittuntersuchung die kindlichen Verhaltensauffälligkeiten nach elterlicher Trennung im Hinblick auf das Alter, Geschlecht und unterschiedliche Verlaufstypen untersucht.

Die Längsschnittuntersuchung mit drei Messzeitpunkten[1] erforscht in einer Stichprobe von 60 dreiköpfigen Familien anhand der Marburger Verhaltensliste (MVL) die fünf Verhaltenskategorien ‚Emotionale Labilität‘, ‚Kontaktangst‘, ‚Unrealistisches Selbstkonzept‘, ‚Unangepasstes Sozialverhalten‘ sowie ‚Instabiles Leistungsverhalten‘ von Scheidungskindern (vgl. Schmidt-Denter 1997, S.28). Die im Folgenden vorgestellten Ergebnisse der 80 von Müttern bearbeiteten Items werden, wenn nicht explizit angesprochen, der Vereinfachung halber in einem ‚Gesamtwert der Verhaltensauffälligkeiten‘ dargestellt.

Im Vergleich der Alters- und Geschlechtsgruppen weisen jüngere Kinder signifikant mehr Verhaltensauffälligkeiten auf. Bei den jüngeren Kindern (M=5,6 Jahre) sind dies ‚Emotionale Stabilität‘ und ‚Unangepasstes Sozialverhalten‘ über die Erhebungszeitpunkte hinaus. Die ‚Kontaktangst‘ der Jüngeren ist nur zu den beiden ersten Erhebungen bedeutsam höher (vgl. ebd., S.31f.). Generell ist aber der Anteil der verhaltensauffälligen Kinder im Vergleich zur MVL-Eichstichprobe zum Zeitpunkt der dritten Erhebung statistisch nicht mehr bedeutsam (vgl. ebd., S.29f.). Signifikante geschlechterspezifische Unterschiede lassen sich über den Untersuchungszeitraum hinweg nicht nachweisen (vgl. ebd., S.32).

Mittels des Heterogenitätsmaßes nach WARD wurden im Rahmen der Studie die mittleren Prozentränge verglichen und drei Cluster zur Beschreibung ähnlicher Verlaufstypen festgelegt, welche nun näher bestimmt werden (vgl. ebd., S.33).

Das erste Cluster (‚Hochbelastete‘) kennzeichnet sich durch ein konstant hohes Maß an Verhaltensauffälligkeiten über den Untersuchungszeitraum hinweg. Eine kontinuierliche Abnahme dieser Auffälligkeiten ist hingegen bei dem zweiten Cluster (‚Belastungsbewältiger‘) zu verzeichnen. Eine letzte Subgruppe wird durch das dritte Cluster (‚Geringbelastete‘) beschrieben, da sie über alle drei Erhebungszeitpunkte hinweg die geringsten Ausprägungen von Verhaltensauffälligkeiten aufweisen (vgl. ebd., S.33).

Hochbelastete Kinder haben zum zweiten Messzeitpunkt und im Vergleich zu den beiden anderen Clustern eine signifikant geringere emotionale Verbundenheit zu ihren Vätern. Das Verhältnis der Eltern kann aus Sicht beider Elternteile als sehr angespannt bezeichnet werden, v.a. die Väter zeigen sich über den Zeitraum hinweg mit den ‚sorge-,

---

[1] erster Erhebungszeitpunkt: 9,9 Monate nach Auszug der Mutter mit Kind aus der elterlichen Wohnung; zweiter Erhebungszeitpunkt: 15 Monate nach erster Messung; dritter Erhebungszeitpunkt: noch einmal 15 Monate später

*umgangs- und besuchsrechtlichen Regelungen unzufrieden'* (ebd., S.36). Eine Verände-
rung des Erziehungsstils der Eltern ist im ersten Cluster deutlicher als in den anderen
Clustern festzustellen. So nutzen Mütter häufiger körperliche Bestrafungen und Väter
Bestrafungen durch Entzug (vgl. ebd., S.36f.).

Kinder des zweiten Clusters zeichnen sich durch negative Gefühle gegenüber den Vätern und geringere emotionale Bindungen zu ihren Geschwistern zum zweiten Erhebungszeitpunkt aus. Generell ist die Kinderanzahl in den Familien des zweiten Clusters
geringer als in der Reststichprobe. Zum dritten Messzeitpunkt wird die Beziehung der Eltern wird durch die Väter als geringer belastend empfunden und innerhalb der Mutter-
Kind-Dyade werden häufiger Gespräche über die Väter als in der restlichen Stichprobe
geführt. Der Erziehungsstil ist zeitgleich durch mehr liebevolle Zuwendung der Mütter
geprägt (vgl. ebd., S.37).

Die geringer belasteten Kinder im dritten Cluster empfinden zum zweiten Messzeitpunkt
ein höheres Maß an positiven Gefühlen gegenüber ihren Vätern, die emotionale Bindung zu Geschwistern ist vergleichsweise größer als in den ersten beiden Clustern. Die
Väter beurteilen zur gleichen Zeit die Beziehung zur Mutter des Kindes als weniger belastend, empfinden die Trennung als richtige Entscheidung und zeigen sich mit getroffe-
nen Regelungen zufriedener. Die geringsten Veränderungen im Erziehungsstil zeigen
die Mütter dieses Clusters. Besondere Merkmale dieses Clusters sind das überdurch-
schnittliche Alter der Kinder (M=9,23 Jahre) und das vergleichsweise höhere Nettoein-
kommen der Mutter-Kind-Haushalte zumindest zum ersten Erhebungszeitpunkt (vgl.
ebd., S.37f.).

Eine Diskussion der Ergebnisse im Zusammenhang mit den vorangestellten Informatio-
nen zu destruktiven Partnerschaftsverläufen soll zwar die vorliegende Arbeit abschlie-
ßen, jedoch aber einen Raum für weitere Diskussionen öffnen.


## 5. Diskussion und Fazit

Die Ergebnisse der vorgestellten DFG-Studie *„Kindliche Symptombelastungen in der
Zeit nach elterlicher Trennung – eine differentielle und längsschnittliche Betrachtung"*
zeigen deutlich, dass Kinder nachweislich mit Verhaltensauffälligkeiten auf die veränderte Familiensituation reagieren. Dabei gehören ungelöste Probleme zwischen den Eltern-
teilen, negativ veränderte Erziehungsstile und nicht neu definierte Rollen der Elternteile
zu den kritischen Faktoren (vgl. Schmidt-Denter 1997, S.39).

Neben der Bedeutung der Studienergebnisse für die psychologische Beratung ist in erster Linie auf eine positive Beziehung v.a. zum Vater sowie Stabilität in der neustruktu-

rierten familiären Ordnung zu verweisen, um die kindliche Symptombelastung zu mindern (vgl. ebd., S.39f.).

Im Hinblick auf die Risikofaktoren für Partnerschaftsverläufe zeigt die Studie, dass Kinder ein scheidungserschwerender Grund sind. Diese jedoch im Verlauf der Zeit mit der Situation umzugehen verstehen und je kommunikativer sowie unterstützender der Umgang der Elternteile mit den Kindern ist, umso weniger Belastungen müssen sie allein tragen. In der Studie bleibt dazu jedoch der Zusammenhang zwischen Persönlichkeitsmerkmalen der Kinder und der Trennungsverarbeitung unbeantwortet, da anzunehmen ist, dass nicht alle Kinder gleich stabile Verhaltensmuster aufweisen.

Für den generellen Partnerschaftsverlauf bliebe anzumerken, dass Kinder eine Trennung vom Partner erschweren jedoch nicht aufzuhalten vermögen. Soll heißen, dass Kinder, wie auch hinreichend populärwissenschaftlich verbreitet, (ohnehin gescheiterte) Beziehungen nicht retten. Es könnte angenommen werden, dass Partnerschaftsverläufe, die sich durch mangelhaft ausgeprägte Kommunikations- und Copingkompetenzen kennzeichnen, durch die Kindererziehung einem weiteren, verstärkenden Risikofaktor ausgesetzt sind. Ferner bleibt dabei anzunehmen, dass die nacheheliche Kinderbetreuung umso schwieriger wird.

Neben diesen Desiderata hat sich seit der Veröffentlichung beider Grundlagentexte gesellschaftlich und folglich auch juristisch die Situation für Scheidungskinder stark verbessert. So ist der angedeutete soziale Druck im Hinblick auf Scheidungen auch von den Kindern weiter gewichen. Scheidungskinder sind heute keine Ausnahme mehr, was bereits die eingangs zitierte Scheidungsstatistik zeigt. Die Liberalisierung der Gesetzgebung schreitet in den vergangenen Jahren weiter voran. So finden auch außereheliche Kinder, die wenn nicht identische zumindest ähnliche Verhaltensmuster aufzeigen dürften, vor dem Gesetz mehr Beachtung, wenn es um die Trennung von Partnerschaften geht. Im Allgemeinen sollte die Scheidungsforschung auch eheähnlichen Gemeinschaften mehr Beachtung schenken.

Als Abschluss dieser Arbeit bleibt anzumerken, dass die Scheidungsforschung sowie die Prädiktion von destruktiven Beziehungsverläufen empirische Befunde liefern kann, bisherige Modellversuche allerdings nicht hinlänglich überprüft wurden. So dass auch von den in dieser Arbeit vorgestellten Risikofaktoren und dem Modellversuch nur angenommen werden kann, sie seien vollständig. Ein Nachweis blieb jedoch aus und die Annahme kann somit angezweifelt werden. Die kindliche Symptombelastung zu erforschen erscheint ohnehin dringlicher, bedarf jedoch auch weiterführender Forschung.

## Quellen

1. Bodenmann, G. (1999): Scheidung: Was wissen wir heute zu ihren Ursachen? In: Zeitschrift für Familienforschung, 11, S. 5-27.

2. Giebelstein, H. (2008): Beziehungspersönlichkeit und klinische Persönlichkeitsakzentuierungen nach DSM.IV und ICD-10. Dissertation zur Erlangung des Doktorgrades der Medizin: Hamburg.

3. Schmidt-Denter, U.; Beelmann, W. (1997): Kindliche Symptombelastungen in der Zeit nach einer ehelichen Trennung – eine differentielle und längsschnittliche Betrachtung. In: Zeitschrift für Entwicklungspsychologie und Pädagogische Psychologie, 24, S.26-42.

4. Statistisches Bundesamt (2009): Pressemitteilung Nr. 251 vom 08.07.2009: http://www.destatis.de/jetspeed/portal/cms/Sites/destatis/Internet/DE/Presse/p m/2009/07/PD09__251__12631,templateId=renderPrint.psml [Zugriff am 11.01.2010].